AF364314

SACUDIENDO LA MUERTE

ExLibric

JOSÉ DEL CASTILLO DOMÍNGUEZ

SACUDIENDO LA MUERTE

EXLIBRIC

ANTEQUERA 2022

JOSÉ DEL CASTILLO DOMÍNGUEZ

SACUDIENDO LA MUERTE

Epígrafe

Sacudiendo la muerte es un poemario, donde he recopilado poemas de los últimos treinta años. Todos se adentran en la muerte, un tema que desde bien pequeño me tiene en vilo. En ellos reflexiono, como también expreso mis sentimientos cuando me toca la muerte de cerca, o me hiere la misma, aunque sea lejana.

No quiero que malinterpretéis el libro. Algunos poemas son de índole dolorosa, con un componente filosófico que no quiero que caigáis en él. Verlo como un libro de pensamiento, pero no como un ideal de vida. No caigáis en el error de la palabra, mas toda reflexión debe ser personal, sin ninguna intercesión de pensamiento ajeno.

Concluyo que no es un poemario para una lectura juvenil, y menos infantil. Que debe leerse con una mente abierta y una mente propia, para no caer en los tópicos que puedan presentarse de su lectura.

Espero que si no es por el contenido, sí os sea grata la lectura, la forma de decir que le pongo a la poesía.

TRUENOS

Pensando en la muerte,
oscuro día que ha de llegar
y recaerás
en el lugar que precisen.

Verde realidad
vestida de olivos,
encinas y trigo sin madurar.
Verde el campo del otoño,
del invierno acongojado.

Víctima de la realidad
que pocos quieren atender.
Túnel, cueva que nadie
puede encontrar con su mirar.

Llanto por el día de recogida
y por el que sabes poco te faltará.
Sensación de paz del mismo,
del tiempo que espera.

25 de noviembre de 1990

EL MAR

El mar está calmado,
las olas ya no vienen,
las algas se entierran
en el fondo
donde la naturaleza
no ha cesado.

Ya no revuelve el aire
para arrasar.
¡Ya no hace falta!
Pausado mi corazón,
mi deseo.

Parados mis gritos,
no necesito la vida.
Ella espera
a que llegue el día
en que yo determine
el tiempo, el lugar, la forma.

21 de enero de 1991

LAS TERMITAS

rumian la savia.
El corazón cede
como hojas en otoño.
La furia invade el alma.
Dios flagela
probando al inocente.

27 de septiembre de 1992

UNA CAJA, POR FAVOR

Como al trigo
se te mostró el sol.
En verano se te recogió.
Morenas caras
de nieve se les cambió.
No era época de lluvia
y charcos formó.
Vaya usted con Dios.

5 de noviembre de 1992

NOS QUEDA LA MUERTE

Tú, miserable dictador,
¡venganza!
Inmóvil me hallo
en esta trepidante ofensa.
Mis luces apagaste.
¿Dónde andas, humillador,
verdugo de mis sentimientos
que amalgamas con la vida?
Romper vuestro juramento
y terminar con este pesar.
Muerte, cuánto te he deshonrado,
y hoy perdóname y hazme tuyo.

1 de julio de 1993

LA ROCA

La roca plantada.
Mojado por la lluvia
en el infernal invierno.
Soy.
Monstruosas edificaciones
pálidas, sin esculturas.
Soledad no pedida,
el centro del mundo.
Soy.
Pusilánime en cercos
y similitud colgada en el aire.
Soy.
Vuelan piedras, muerte.
Siempre normal.
Soy. Soy.

26 de octubre de 1993

VOY ALZANDO

Voy alzando la cabeza
y oprimiendo al que me discute
la verdad que muestra la realidad
y no me atribuyen
con absurda postura
de destruirme sin pecar.
Se me agota la obediencia
de estar en el altar
agachando la cabeza.
Me transfiguro en verdad
mientras el ofendido de su nefasta verdad
va promulgando la mía en falsedad.
Y me voy riendo porque en la vida
hay que tener libertad,
y si no la tuviera,
nadie me podría quitar
el desaparecer de un mundo
que me quiere enjuiciar
sin pecado cometido
y sin a nadie obligar.

12 de diciembre de 1993

MALAS

Las malas cosechas
hacen del nuevo trigo
cajas de acero:
frías por dentro, estoicas al aire,
al poco grano.
Muere el pico
y los oídos se cierran.

19 agosto de 1994

PÁLPATE HONDO

Pálpate lo más hondo.
Punzaste mi furia.
No conoces…
No pulses movimientos…
Duerme, duerme.
Esa vida no la pretendas.
Deja vivir,
tuya la muerte.

14 de octubre de 1994

X

Mientras sigue teniendo fuerza la vida,
el vivo cincelado a viveza de una maza,
por formas desnucadas por un pensamiento.

¿Qué es la muerte?
La vida, no la que viene.

22 de enero de 1995

INTERPRETA AHORA

La memoria muere
por las informaciones
que guarda.

4 de agosto de 1995

Circo de una muerte

Caballos queriendo huir
en la noche
y al sol.
En la llaga
y en su fecha
caminos nuevos
se juntan al anterior.
Imágenes que saben
de las horas,
cruzándose el presente,
embaucan
la nueva calzada
en anhelos.

21 de noviembre de 1995

RECREAR

Muerte,
y en ella
mi pensar
se recrea.

2 de mayo de 1996

NO PODER HACERLO

Una ventana buscando
que sucumbas
al deseo incitante
de atravesarla
y conocer
el mundo divisado
por ella,
y pensando cómo
tu aventura
es una más que lleva.

7 de julio de 1996

INTERFERENCIAS

Hoy la muerte
¿cómo se ve?
Yo no la veo.

7 de agosto de 1996

En la muerte deseada
búscala hasta encontrarla
para encontrar la paz.

Marzo de 1997

Siento la independencia
tan fuerte
que la muerte de los míos
deseo encontrarla.

15 de abril de 1997

MUERTE, SÍ, TÚ

Sí, tú, muerte, solo eres eso.
Vivimos congelados
para que en ello
nos recreamos en el vivir,
cuando la muerte, sí, tú,
eres la agonía
que yo maldigo.

5 de junio de 1997

TU CUERPO

La espera de la muerte,
el sentimiento de cercanía
hay que tenerlo lejos,
porque siempre presente
rumia la cabeza
con la que obedece
tu cuerpo.

24 de septiembre de 1997

SOBRE UNAS MUERTES

Ahora descansó mi madre,
el sufrimiento se evaporó,
me quedé sin padres,
referencias ciegas.

Volverán las noches a estar solo.
En ellas, recuerdos fugaces,
expectación
a que todo vuelva la vista al futuro.

Recaerán vulgares comentarios,
inoperantes sentires
que nunca un cristiano pensó;
se sabe que la gente
habla, habla y no conoce nada.

20 de diciembre de 1997

TUMBA

Cambiará algo la muerte.
Solo el azar, la suerte.

Cambiará la nueva situación.
Solo alguien a quien no hablar.

Si sigue la vida
es porque existe la tumba.

24 de diciembre de 1997

SIGILOSOS

Sigilosos pensamientos
iban acercándose
a las células muertas.
Ellas vuelven
a vivir
las palabras
que un día se decían
para hoy no volverlas a repetir.

Se viene el recuerdo.

Cuando los tormentos
acaben en la piel
de todo ser vivo,
se encontrará cada uno
con todo lo presenciado.

23 de marzo de 1998

LUIS PÉREZ

Litros de alcohol
mantienen su vida
y amor a la misma.

Cantidades
respecto a todos,
más a sí mismo.

En el transcurso
la sangre se sustituye
por el blanco aguardiente.
Al final, la muerte.

23 de marzo de 1998

LA FALTA DE ALGUIEN

En la noche,
donde solo habitar en un espacio
en el cual solo tú ocupas
la voz de quien se ha ido,
ronda el pensamiento
cautivando imágenes
de recuerdos
los cuales, al volver,
cabizbaja la cabeza se ofrece
junto a un ánimo cansino,
monótono.
Duele agilizarlo.

1 de julio de 1998

VERTERÁS

Verterás tu furia
quemando banderas
que en los pies
te encuentren.
Y al atardecer,
cuando el sol
conozca su nuevo pase,
caerán sobre escupideras
lágrimas para llenar
cántaros, como muestra
del querer.
Cuando todo vaya pasando,
ya se verán en el embuste
que llenó tantos envases.

Agosto de 1999

LA CRUZ

La muerte, la muerte,
la muerte, la muerte…
Adiós, habitáculo de madera,
solo recuerdos.
¿Quieres más?,
habla la muerte.

Vivo, vivo,
vivo, vivo…
Ahora que el presente
no pudo más,
¡hola, muerte!,
¡hola, el vivo!.

Querer, querer,
para qué querer…

24 de septiembre de 1999

ÉL

Sobre el sentimiento de morir
ha dormido esta noche
la savia del descanso
que traía con ella
la capacidad aún pequeña
de soñar.

21 de septiembre de 2001

SATISFACER

Siguiendo la rutina
del que vive,
pero siendo distinta
de los que sobrevivimos.
Muerte que satisfaga
mis sentimientos,
y vivir no sé dónde.

10 de junio de 2003

JOVEN ASESINADO

En los jardines de Murillo
una noche lloraron flores.
Un joven ladronzuelo mata,
un joven muerto entristece
la voz de los jóvenes.
Cada año tristes flores
en el lugar del siniestro.

12 de julio de 2003

VIVE

Todo es absurdo,
la muerte es absurda
y estar muerto
es la plenitud de la vida.

17 de julio de 2003

EXPANDIR

Sucumbió el agotamiento,
uvas pisadas y añejas,
caldo que cultiva penas
sentido de miserias
expande al aire
connotaciones de desaire
hacia motivos mundanos.

Hoy se restablece la huida,
esa muerte buscada
y no encontrada.

5 de septiembre de 2003

BEBO

Bebo y bebo,
muero de cáncer
y muero.
Llorar lágrimas vivos,
los muertos no sé si se giran.
Bebo y bebo
mientras muero
y disfruto de todo.
Muero.

5 de septiembre de 2003

EL CUERPO

No comprendió una muerte,
cayó en el ostracismo de su pensamiento,
pasó el tiempo y la negación segunda traumatiza.
Cayó al fondo, a lo último del ser humano.
Mísero de su infortunio,
llamó a la puerta;
le abrieron los ojos;
Al año volvió a caer
en el suelo, poco, muy poco,
un mes casi muerto.
La vida le daba algo
que no tuvo,
su cabeza recayó en su cuerpo,
el cuerpo le envió a la muerte.
Sueños sin sueños.

21 de noviembre de 2003

VASO SABIO

Vuelco sobre el vaso
la sabiduría de la vida,
transformando sin buscarlo
el agotamiento en el verso,
ese que nadie quiere
y encontramos.

9 de diciembre de 2003

SENTIR HOY Y AYER

No hablar, no querer,
que la pena me corroe,
temblar el pensamiento,
todo el cuerpo
por la palabra, por el recuerdo.
Llega a decir que anda a mi lado,
descanso de un largo sufrimiento.
Allí ya has llegado,
ya me has ganado.

22 de enero de 2004

SUICIDIO

Sobre una copa
en las venas,
vas buscando
la fuga;
por la tardanza
de lo pretendido,
vas buscando
otra química.
Sobre una copa
y en ella pastillas
encontrarás
tu muerte.

19 de abril de 2004

NO SABES

En el final porque fue,
deshacemos nuestras migas
hasta convertirnos en polvo,
no ver dónde están tus componentes
para recrearte.
Ese final porque fue.
Ese trece de octubre muerto
en la cama, durmiendo la eternidad,
para qué te deshiciste de la añoranza de vivir.
¡Qué fuerza tan tremenda
te recogió en su lecho!
Ya no sabes de ti.

5 de octubre de 2004

COMO EL MONO

Sucumbió al sueño,
tranquilidad,
al año nuevo.
La misma vida
no se inmuta,
aunque uno intente
vivir como el mono.

1 de enero de 2006

YA Y TÚ LIMPIO

Remueve el estiércol
para sacar arena.
Salió la lombriz
para morir en algún pico.
Conseguida obligación,
recompensa en las plantas
no agradecidas
a tan ardua letra.

12 de junio de 2006

MUERTE DE LA ILUSIÓN

Se cabrea el deseo,
se muere el alma.
Soslayar la idea,
alegoría de futuro,
para así
sucumbir a la vida
del ratón engatado.

Se vuelve la puerta hacia fuera.
En un tiempo tendrá
que vivir a empujones,
hasta conseguir las viandas
que uno sabe,
pero no tiene
en las manos hoy.

26 de julio de 2006

Martillo y cincel

Ni a base de martillo y cincel
salen las gotas, y van por diez.
Puede que en un momento muy vago
cayesen cuatro o cinco.
Aun suspirando la sal
por tu cuerpo, entrando por tu boca
esas salinas fanales
que no expresan
ni tristezas ni alegrías,
ni con su muerte las define.

4 de agosto de 2007

MORIRME

Un sorbito de ti,
aunque no sea mucho.
Un pequeño néctar
y después
aguantaré hasta que tú quieras…
Pero dame un poquito.

1 de octubre de 2007

TU MUERTE

Solo tú tienes valor,
pero aún sí te discuto
que en momentos
no tienes ninguno.

Solo tú maldices
a los fieles
y bendices
a los infieles.

Pero a la vida
no le ganas en sentido.

23 de diciembre de 2007

AMADA Y ODIADA

Solo tú, siempre tú,
presente en mi actitud.
Antes admitía tu sentido
y me vanagloriaba si te conseguía.
Ahora tengo otros ojos
que ven por otros ajenos.
Anocheciendo, la luz del día se retira
sin poder encender ni una estrella.

29 de marzo de 2009

BUENO

Estado de tristeza
por la idea
factible de la vida
que uno
no admite ahora.

14 de junio de 2009

NO ME ENCUENTRA

Anda queriendo dar la vuelta,
pero no ha venido por ahora,
la idea con fuerza se mantiene;
si te entran en una urna,
al final de la aventura
la tranquilidad en tu poder.

23 de agosto de 2009

QUÉ FESTÍN

Dentro de un tiempo,
no mañana,
del plantona saldrán troncos;
el aserradero volverá
a laminar olivos
con el fin
—uno más del ritual—
hacia el festín
de los que no huelen
nunca a vivo.

28 de agosto de 2009

CINCO MINUTOS

Como que sí,
cogió la disputa
de quien llegó antes.
Lo consiguió,
la miró con amor
y una pena tan grande…
En un tiempo sorprendió,
cogió el saco grande
y trizas el corazón.

Con veinticinco años
encontró el camino contrario
que tenía cinco minutos antes.

1 de junio de 2010

QUÉ SENCILLO

Qué sencillo saber que morirás,
y te van diciendo dónde estás.

Vas anhelando los lugares
porque no te encuentras aquí.

Vas conociendo a las personas
sin saber si antes se te acercaron.

Vas durmiendo cada vez más,
hasta que nunca te puedas inclinar.

2 de octubre de 2010

ABURRIDO

Te aburren las palabras,
te buscan sin saber,
solo la compañía.

Te aburren las cosas,
te las encuentras
sin querer tenerlas.

Te aburre el vivir.
¿Te das cuenta?
Hoy no te toca morir.

25 de octubre de 2010

Vinieron avisando

Vinieron avisando
que la luna y el sol no ven.
A ninguno pueden palpar,
pero el que quiere, a él sí.

Ahora, de todos se reirá.
Mostrada la honda más dulce
de lo que uno se puede imaginar.

¿Y qué dirán los demás?
La pena más pesada
de seguir con los girones
que la vida te regaló.

30 de octubre de 2010

SE FUE CONSCIENTE

Hablé tanto en esta vida
que hoy, cansado el cuerpo,
igual la mente,
sin pedir yo nada,
descansan las palabras
y solamente es la espera
larga y sin tormento
para que venga
a trasladarme de habitación.

En este momento suena el campanario,
en él anda el engaño
para que nadie se entere
de que me voy.

12 de septiembre de 2011

¿PARA QUÉ?

Mi voz se apaga,
duerme cansada
de obligarse para nada.

Hablan. ¿Para qué,
si no existe
el sentido
para hacerlo?

21 de septiembre de 2011

NO VUELVAS

Te invitan a entrar;
preparan un banquete
con muchos dulces
que a ti te van.

Ahora verás todo aquello
que te enseñaron allá,
esos donde siempre perdón
como un don lo guardan.

Te vas, sabiendo de ti,
que ya no puedes dar,
solo sentir el amor.

Volverás a ver feliz
a todos a los que amas,
y ellos a ti te dieron.

No vuelvas más,
que allí encontrarás luz.

26 de enero de 2012

SE ACABÓ

Empezaste a volar
ese surco
de rosas y risas
con alegres notas
para hacer el camino ameno.

En el final
ella te espera en la puerta dorada
que atravesarás
por la verde alfombra
de los angelitos hoy colocada,
animándote a que corras
con risas y carcajadas
en intervalos atenuados.

Ya encontraste el sentido,
se te acabó tu encrucijada.

20 de febrero de 2012

TE ESPERA

Surcaste el sendero
de bellas flores,
de alegres melodías,
de eternas sonrisas,
hacia esa carcajada
que ya lo encontró.

Una escolta angelical
coloca una alfombra
hacia la puerta dorada.
Allí, jaleándote
para que te des prisa,
allí está muerta de risa
y alegre te espera.

29 de febrero de 2012

Esfuerzo

El trabajo de una vida
en espera del único fin.
Caes al infierno del dolor,
vuelves a levantar el alma,
pero no consigues la plenitud
recayendo en la realidad
del sufrimiento y la pena.

En un suspiro de aire
lo intentas, pero llegan
con ansias los padecimientos
de la consecuencia
por no acercarte
a todo anhelo.

Desistir siempre, en fin,
esperanzas de llegar
al lugar que sabes
que lágrimas
y sangre
te van costando.

30 de marzo de 2012

No sueñes

He soñado que se levanta una copa de su cara. Intransigente de quejas asumía la lavanda como agonía de un vivo. Pero entiendo en mi diccionario de fotos acumuladas que la vida le rompe los esquemas de un lenguaje ciego de los que cedían con dos partes. Los perros ladran en el corral y las gallinas discuten sobre el terreno a tu muerte.

10 de septiembre de 2012

REENCONTRAR

Se te cerró la puerta,
te llevaste tus penas;
en el camino
nada resuelto,
futuros inciertos
menos el tuyo.

Se te cerró la puerta,
pero lograste
volver a encontrar
el cariño perdido,
andar una segunda vida,
a dejar volar a tus pupilas.

25 de noviembre de 2012

EL ALLÍ

Perdido en no sé qué discusión,
reflexiones sin formas para ejecutar.
Vuelco de razonamientos
que se quedan en un libro
que no se imprime.
Vendrán nuevos acontecimientos
con las trabas
que tú y yo, él o ella,
descifraremos para apartar.
Es verdad,
no hay referencias.

7 de octubre de 2013

COFRES

Yo sigo aquí,
tan negro es octubre como noviembre.
Yo sigo aquí,
revolcando mis ojos
en los cofres de piedra.
Y yo sigo aquí,
reventando mi cabeza,
incinerando mi cuerpo,
para llegar a ser un tesoro más.
Yo sigo aquí.

13 de octubre de 2013

VAN

Van transcurriendo los días,
agradables conversaciones
que te llevaste.

Van sacudiendo en el recuerdo
imágenes
de aquellos momentos
que no vuelven.

Va litigando la memoria
con el espíritu
para llevar
la mochila con placidez.

Va la vida suscribiendo
anécdotas,
pero no se te ve.

4 de julio de 2014

El sentido de la vida

Esperar paciente
a que llegues.
Mientras iré haciendo mis cosas.
Sucumbir a tus instintos
hará llevadera la espera.
Todo es un aguardo
a tu venida.

20 de septiembre de 2014

HUELE A MUERTE

Recojo de mis tripas
la memoria
de esa, la muerte,
que más que presente
huele, huele.

Verás cómo
en unos instantes
el hediondo olor
se convertirá
en perfume intenso
de flores, plantas
y otras mezclas.

18 de marzo de 2015

CALLE SAN CRISTÓBAL

Estás muriendo.
Tristes tus noches,
esas tardes de soledad
que no perdiste.
Tus casas se vacían
del aire de los tiempos,
las ánimas huyen
al no encontrar
frágiles vidas
que antes
suspiraban por oírlas.
Ya no volverán
a despertar al desafío
del olvido
poco a poco,
hasta que llegue
ese momento
en el que los presentes
ni te reconozcan.
Ves cómo la vida impersonal,
historia,
se mueve.

28 de abril de 2015

LAS CAMPANAS

No entiendo a las campanas,
limitan el reloj
que no escapa de la oscuridad infinita
con su soniquete triste
y cansino.

Ya, ahí, otra agonía,
falsos sentimientos
en lenguas y gargantas
de fuego.
Sí, hoy te toco.
Espero tumbado
en el diván
a que suenen las mías.

4 de mayo de 2015

TRISTE MEDITERRÁNEO

Mediterráneo, triste mar
vestido de negro,
escualos hambrientos
cambian el color
al rojo vivo.
Callan los jueces
que se hacen mundanos
al mirar el cielo que sigue azul.

6 de agosto de 2015

CUATRO PAREDES DE PINO

Socorredme, que venga alguien.
En cuatro paredes de pino descanso ahora,
maldita encrucijada donde me he metido.
Ahora canta el silencio atenuando la soledad.
Huelo a pena, a malvas, a jardín mojado.
Este frescor de la bóveda
me trae recuerdos de los ancestros.
¡Una mano amiga, bridándome una copa, o dos!

Ha caído la noche. Hoy andan las nieblas,
chascarrillos de mis nuevos vecinos.
Todo son risas y bailes impropios,
algunos se suben a las cajas y tejados,
tejas que se rompen y ramas
que caen de los cipreses;
suben al *escuseo* de las parejas que se buscan
en la bendita tranquilidad nocturna.
Ya parece otra cosa. Esta nueva vida
es el auge de la eterna felicidad.
Aléjame del pasado oscuro e inútil.

8 de septiembre de 2015

MURIÓ

¡Qué graceja tuvo la vida!
Ayer soñaba con el día;
hoy, desde lo más alto,
veo crucificados andando.
Pena por las lágrimas
que evapora el viento.
Ahora yo espero
a que te acerques
cuando dictaminen los señores
de los que me hallo cerca.

24 de septiembre de 2015

VÉRTIGO

Reconocer el barro
en el buscar,
borrarte de esta soledad,
involucrarte en el extremo
que invita a la austera clausura.
Verter todas las tripas
en el absurdo de no morirte;
tienen patas que vuelan,
pero se adhieren
al pegajoso fango
que inmoviliza las agonías
del que se mantiene vivo.
Ya vas corriendo tierra tan húmeda
como tu mente pensativa.
Ya vienen aupándote
las longevas orugas.

15 de noviembre de 2015

CÁNCER

Otra vez llamas a la puerta,
envuelto en calamidades,
ostentoso de tus abalorios
sobre tu oscuro rostro.
Te invitas sin pudor
a recorrer
la fluidez de las venas,
infernal veneno tuyo.
Maldigo hoy mil razones más,
que esa ojeada
revindicó tu sitio.
Insatisfechos conjuros
y el sentido a todo
solo tiene una palabra.
Abres las bocas
ofreciéndote a las mismas
sus maneras.
Bendices tu infamia
para disfrute
del teatro de las deidades.

22 de noviembre de 2015

Muerte

La realidad se esfuma
en la ingenuidad,
mientras caen los días
hasta el final.

15 de enero de 2016

APARECE

Aparece el nirvana,
ese momento donde
la levitación
se vuelca en apartarte.
Fiera y útil sería
para callar
agrestes y bellos paisajes,
remover en diez minutos
todo un gentío
que no ves.

18 de enero de 2016

UN TINTINEO

Le suena el llamador,
le trae los mejores trajes
para la noche de fiesta.
El rojo elige, como sangre
que se seca.
La camisa blanca,
como la nube que le espera.
Los zapatos negros
y el sombrero de sus manos
blanco perla.
Es hora de dormir
con su almohada de leña.

15 de marzo de 2016

ATRIO

El atrio se llena de jirones,
estulticia para los que se forman
en el abismo eterno.
Todavía las alcobas están vírgenes.
Algún día la casa se manchará
de la selección de fieles.
Nunca se suscribió tu vida
a la eternidad de los sueños.

14 de agosto de 2016

ENSANGRENTADA

Ensangrentada está mi alma,
ánima moribunda,
renacimiento de otra materia,
cuando pensé haber encontrado
esa libertad que suspiraba.

17 de septiembre de 2016

QUIEBRA

Quiebra su cabeza,
que los humos
inexistentes de la pena
ni son dulces ni agrios,
solo es la forma
de seguir los puntos suspensivos
que marcaron.

Volvemos la cabeza:
enredadera sobre ella
tupiendo anhelos,
mientras se masca
lechuga como frescor
del verano pringoso.

Ahora huele el viento
que llama a las almas
del tedio y el largo destino.
Cánticos en la noche
mientras limpian
la nueva vivienda
con el encriptado
de plena y bandolera vida.

Sencillo, limpio,
voluptuoso capital
llegando al infinito.

1 de junio de 2016

ÓBITO

El óbito me trae
tantos trajes
que ni en un milenio
llego a consensuar.
El arbitraje se compacta
en la libertad del individuo,
que busca su aleteo
en los aires que asume.

24 de junio de 2016

ME FUI

Hoy soñé que me moría,
que las risas
se disiparon,
que volvía
a ver al amigo.

Hoy soñé que me fui con él.

24 de julio de 2016

Pensamientos libres

Hoy me vuelves a visitar,
años conviviendo juntos,
como el ser o no ser
que nos convierte
en una pareja enigmática.
Voy deambulando por los pasillos
y siempre ahí
longevo séquito.
Lo mismo te suenan campanillas
que ni te mueve el aire.
Soy lugarteniente de mi sino
y tú me recuerdas
el feliz final.

30 de julio de 2016

INFINITO

Se acercaba su muerte
como el agua a la tierra.
Devoraba el tiempo
en contar luciérnagas,
la única luz
que se mostraba a sus pasos anclados
—ya se ve; definidas las sensaciones,
iban cogiendo cuerpo—.
Se le venía una sonrisa
que adivinaba
su ida al infinito.

24 de noviembre de 2016

RÉQUIEM

Ha sentido hablar a la pintura,
llorar los ojos que le miran.
Enroscas como ovillo
la sonada transcendencia
de los sin adivinar sentimientos,
cambiados por la navaja con lengua.
Ya sí, ahora puede,
pero la música es de Mozart,
ese fabuloso *Réquiem*.

11 de diciembre de 2016

En algodones

Mis pies están dentro de un cubo helado,
mientras mis ojos apoyan las luces,
y la hendidura de mi boca
escupe la venganza de la vida.

Van corrigiendo los asientos del cine
por si acaso se escapó
algún individuo,
ubicando mi gélido cuerpo
en algunos de ellos.

Ya os veo.

13 de noviembre de 2016

EL ALBA LO ENTERRÓ

Se fue a tragar espadas,
el hígado ni tocaba el timbre,
nadie limpiaba las velas
y el suelo era un rebujo maloliente,
no subía las escaleras
ni bajaba las mismas.
Se sentó en el umbral
de la casa del inspector.
Era de noche,
un lobo se le acercó
lamiendo su cara fría.
Ni las sombras blancas
le saludaban en la noche.
Una coruja le picó en la nariz,
al alba se enterró debajo de un olivo.

22 de marzo de 2017

QUEDAN TINIEBLAS

Las copas le rasgan la vida,
le tiñen de negro
la claridad de su sombra.

Los clarinetes susurran las estaciones
y estas se visten de trompetas
y tambores desnudos
a los ojos de pretor.

No caerás en la trampa
de un día más.

Quedan dos tinieblas
a poner nombre.

10 de septiembre de 2017

NINGÚN VIAJE MÁS

Le he guiñado un ojo al ventero,
para que esas noches de frío
me sirva un orujo
en este que llaman camposanto.

Estoy aprendiendo a escribir
con las imágenes
en paneles invisibles
y con la impunidad
del coraje de un gramo de gargajo
en un desierto.

Me tienen puesto un sobrenombre
en esa sociedad
donde no hay ángeles,
solo un mito de vanidad
con trajes blancos
sin *bujero* ni andén,
como gamusinos
buscando una luz
debajo de un nicho abierto.

Tengo una tregua comprando alfileres
para cuando sea el día de coser
túnicas nuevas.
Acompañé a las agujas

en las formas de lacar
lo que no sirve.
No sé si todo es blanco,
o rojo, o negro.
Vuelvo a cambiar los zancos
para noche de fiesta,
dado que no viajaré más.

1 de octubre de 2017

LA JAULA

Tenía una jaula con la puerta abierta,
se remetía sin causas
para releer las rejas
sin conocer los vientos
de la testa de un bello bosque.

Nunca pintó un cuadro tan sonoro
cuando una mano lo atrapó.
Sacando de su oasis
y sin saber cómo,
tuvo que aprender a leer
sin conocimiento.
En pocos días
llegaría su caja de pino.

22 de noviembre de 2017

LA MISMA ESCOPETA

Notaba cómo su vida se volvía un escaparate,
terciopelo velo,
y guardando en los cajones bolsas de alcanfor,
sacaba su rabia cuando miraba el polvo
sobre sus hombros hundidos
de una historia que no recordará su descendencia.

Estaba siempre añadiendo una veleta
sobre los caminos de un pasillo
lleno de trastos que solo él veía.
Colocaba su cuerpo delante de un toro
animado por ver si corriente postura fue su ida.
Cuatro vuelos para una misma escopeta.

22 de noviembre de 2017

Poco para morir

Me queda poco para huir,
suenan los acordes de lejos
de una muerte que no existe.
Me queda poco para ir.

Trata a tu enemigo
con angélicas palabras.
Cuando él odia,
marca tu aspecto,
más introspectiva la floración.

Queda poco para morir,
él morirá detrás
como baja el agua a la tierra.

19 de diciembre de 2017

Es tan suave

Morir siempre en la volatilidad
de una amapola roja.

Atardeceres de sol
y un descenso paulatino
de ángeles ocurrente
sobre un ojal
sin una esfinge reluciendo
una incongruencia.

Todo es tan suave en este conversar
como un estribillo sabroso.

29 de diciembre de 2017

SIN CORREAS

No puedes pedir tiempo,
todo es continuo,
y sientes que se va en un suspiro.

Y no para la voz
en un centrifugado.

El silencio es un amor
que solo tiene una cara.

Llanezas de ultravoz.
Cuando el que no ve, ve,
es todo un todo vulgarmente dicho.

Nadie se atrapa
en un vestido de noche,
y cambió la voz,
y todo es un todo
para ser un nada.

Muero y muero,
excipiente y volátil.

4 de enero de 2018

REIRÉ

Me reiré de la muerte
cuando me abra la puerta.
Legaré a los que hablan
que no pazcan
toda mi palabra,
que no tiene un Judas
cristiano en su estómago.

Los demonios son derechos
de ojos tristes,
cantos de una cabriola
en riendas con guantes blandos.

8 de enero de 2018

NOCHE SIN LÁGRIMAS

Se viene un tufillo a campo roto,
abdomen recto
en cuatro paredes de pino.

Noche que no llora más,
pues se ha firmado
contrato
sin poder decir
respiración ahora.

10 de enero de 2018

Dueño

Son las formas de nombrar,
pero no hay líneas al hablar.

Hoy tengo ácaros oscuros,
sabiendo que son de cal
los delirios que acontecen.

Cortar el camino
antes que las tijeras
sin dueño me destripen.

13 de enero de 2018

¿Y QUÉ?

De noches tan negras
a tahúres de mierda.
Son chocolate,
que atempere
el ataúd que me declina.

13 de enero de 2018

UNO

Uno a uno,
en dos o en tres,
no hay ganas de sumar.
Ya,
despedida del sufrimiento,
a otros ojos girar
te aguarda tu igual,
que fue abriendo sendas
para que leve te sea
tu calvario de mortal.

Tu última palabra
se la guardó la brisa.
Duerme,
nada te pondrá trabas
a tu libre actuar.
Libre sí fuiste,
como esa águila
de tu Extremadura
dominando su paisaje;
como ese azahar en la noche
de tu Sevilla desprendiendo
donde te dejabas posar
tu don de sabio
de estos menesteres
nada glamurosos.

Ahora, en este adiós sin adiós,
ventisca que devora el tiempo
que a otro tiempo nos influirá en abrazos,
ve, corre ahora, que tu calvario
es paja para otra cuadra.

16 de enero de 2018

QUIERO

Quiero levantarme con este silencio,
olvidar la voz de su muerte,
a voces lo llamaba.

Quiero rendir homenaje
a su sufrimiento
olvidando todo,
recibir la resurrección
de un combate
que si fue fiero,
hoy es victoria
de una eternidad.

Quiero rendir
mi futuro
a esa espera
que en su ausencia
me abre
para mi gloria
como también suya.

17 de enero de 2018

Inútil de mí

Están como hormigas pisadas
por un pie en ganancia.
Pubertad que declina
por un balancín.
Son clientes que huyen
de la voracidad
de unos mayores
ensuciados por la sangre,
que solo proclaman
una moneda para otros.
Otros, sentados de postín,
y en el suelo,
bultos en sábanas inocentes,
ni un pelo se les mueve.
Y yo aquí sentado,
con solo un poema,
levantando un estandarte.
No sé hacer más,
inútil de mí.

28 de febrero de 2018

LOS CINCUENTA

Muerte a los cincuenta.

No habrá canciones ni pañuelos.
Para qué dominar la irrealidad.
Segmentos tan turbios
como agua desenfrenada.
Las almenas derrotadas por acciones
de los bichos desenfadados.

No habrá muerte a los cincuenta.

Esfera que se publica infinita
y va entrando sin querer
al cuadro sin ojos.
Tres, solo quedan tres esquelas
en la balsa que navega.

Existe un lugar —la indiferencia—
que conduce limpio,
sin consecuencia.

13 de abril de 2018

EL ZAGUÁN

Ahora él se sentaba
detrás de la hoja derecha
de la puerta de la calle.
Intentaba
que nadie le viera,
pero un hasta luego
siempre cala en sus oídos.

Se desvivía con ansia
por una talega de higos y nueces,
entretenimiento para las horas.

No tenía tranvía el pueblo,
pero se le vino cuesta abajo
con un uniforme de nieve,
y como un aluvión
de abejas a su cuerpo,
se quedó ceñido a un desierto de silencio,
sin vuelta para el grito.

21 de mayo de 2018

EMBALSAMADO

Murió enfermo,
cárcel perfecta,
un agonizar
por un horizonte.
Miedo por un cuerpo
de llagas invisibles,
entre bambalinas
una bocanada inmensa,
embalsamado
por zumos de vino agrio
y cigarros cada minuto.
Mundo para su propio miedo.

26 de julio de 2018

¿EN QUÉ PIENSA UN MUERTO?

No se ha caído de las noches,
como el alba se le guardaba en el bolsillo.
Atisbaba en silencio a su silencio.

¿En qué piensa un muerto?

Todos los días
enterrado en la nieve,
asomaba la cabeza
por aburrimiento.

¿En qué piensa un muerto?

Los largos días detrás
de un parque sin color,
un otoño sin hojas en el suelo.

¿En qué piensa un muerto?

Nada más es la devolución
a un invierno con calor
de un refugio incierto,
y la benévola revisión
de unos ojos

comprendiendo las ubres
de una vaca sin parir.

7 de octubre de 2018

CONSPIRANDO

El silencio en la conspiración de la muerte,
él sacude por la soledad de la indiferencia,
para llenarse de la decisión tomada,
antes que el momento te atrape
para que no le tengas que poner trabas.

14 de diciembre de 2018

CLARIDAD

La frialdad hasta el límite
de un acto quirúrgico,
como si la sequedad
de la boca huyera
conociendo
que la levedad
de vida que le toca
es un salto reconocido.
Saben que ya no vendrán algoritmos,
y las leves caricias
de un recóndito pasado
no serán ni claridad
a un futuro.

16 de mayo de 2019

TU ALMA

Nadie supo
el dolor
a un vivir
que nunca tuvo sentido
en el medio
donde te rodeaste
y la forma en que huiste.

Nadie supo
el camino infiel,
pero nunca huyó
de tu pensamiento.
Para aclarar tu mal,
en el despacho
le diste a vivir.

Nadie más se intuye,
o es algo,
no me trago.
Tú te fuiste
con tu conciencia intranquila
en la tranquilidad
del coche fúnebre más lujoso:
tu alma.

16 de mayo de 2019

ACARICIÉ LA MUERTE

La vi por primera vez
un domingo a las ocho de la tarde.
No quise ver su casa:
era un acueducto incrustado
en mi pecho, seco, mudo.

Como si no existiera un encierro mayor,
tragué un llanto, saliva escondida e invisible.
Nadie salvará este camino nuevo,
o ya muy viejo.

No volvía a relamer la vida
con la que vi el sábado anterior.

26 de mayo de 2019

VOLÁTIL

Y cuando mueren,
no hay más historias.

El recuerdo es una caja diminuta
que ya se disuelve
en los desconocidos.

29 de mayo de 2019

PRESUNCIONES

Moriré pronto,
y voy a dejar las cosas atadas,
como la conciencia de vivir
que me enseñaron mis padres.

3 de junio de 2019

El andancio

La muerte tiene miedo,
declina ser vencida
y se atrinchera
enfrente de un espejo,
en la clara agua
de una rivera de adelfas.

La muerte, siempre ofensiva,
se va camino
por un andancio mal remitido.

12 de junio de 2019

OCTUBRE-NOVIEMBRE

Las cosas se sienten
con un pañuelo negro,
la voz de la cruz clavada
en los ángulos del pecho.
Ya no vienen ceremonias
de vuelo blanco,
su eco es blando,
para decir la realidad
más pura de los que ven
la luz de la incertidumbre natura.

Concluye en una pirueta
sin demanda que coloque
ningún cuerno en carne.

El vulgo se convierte
en estos andares,
al recuerdo
de él último encerramiento.

Y yo los vi,
cómo se escapan.
Y yo aún estoy aquí,
sin vaho.

2 de octubre de 2019

FRIALDAD

No contemplo la muerte
como un tropiezo con marea enfurecida,
ni ando vagar en un túnel
con puerta de cierre.

Contemplo la muerte con una frialdad
y pesquisas de tropiezos,
que son disgustos de medio metro.

La muerte, ese tropiezo
que en mí detuvo
sus pensamientos
en la inquietud de un niño
que aún no aprendía a comulgar,
ni ahora sobra servilismo.

2 de noviembre de 2019

DISTANCIA

Todavía estás ahí, noviembre,
sacudiendo tus garras
con tu impoluta naturalidad.
Descafeinado estoy tomando
sin volver a devolver
los Pirineos
a la torre cuartel de aquel tiempo.
Sigue los tufos
para acariciar con la levedad de la mano
una decapitación de los túneles sin remordimiento
de una noche cualquiera del verano pasado
y las leguas no existen hoy.

5 de noviembre de 2019

DÍA SIETE

Estamos a siete,
las tumbas se repletan
de la misma sangre.

Se repiten por gracia a Dios.
El mes donde todas quieren irse
de viaje, donde criar malvas
es el juego diario
para picarse en llegar a ser un relumbrón.

Quedan veintitrés,
y todo es cuesta
sin ánimo de lucro,
solo para un buen vivir.

7 de noviembre de 2019

Índice

Sobre el autor

José del Castillo Domínguez (Sevilla, 1971). *Sacudiendo la muerte* es el noveno poemario que publica. Ha participado en varias antologías tanto en formato papel como digital. Siempre tiene proyectos para editar.